VILLE DE REIMS

MUSÉE ARCHÉOLOGIQUE

DONS A LA VILLE

ET

FOUILLES ARCHÉOLOGIQUES

État des Dons faits depuis le 8 Novembre 1893 jusqu'au 15 Décembre 1895, au Musée archéologique de Reims, entre les mains de M. Théophile Habert, Conservateur, Fondateur de la Conservation spéciale d'Archéologie en cette ville ;

*Suivi de l'*État des divers Objets gaulois et gallo-romains découverts dans les fouilles opérées, sous la direction du Conservateur, sur les territoires des communes de Reims et de Saint-Étienne-sur-Suippes (Marne) et d'Aussonce (Ardennes).

TROYES

IMPRIMERIE ET LITHOGRAPHIE PAUL NOUEL
Rue Notre-Dame, 41 et 43

1896

VILLE DE REIMS

MUSÉE ARCHÉOLOGIQUE

DONS A LA VILLE

ET

FOUILLES ARCHÉOLOGIQUES

État des Dons faits depuis le 8 Novembre 1893 jusqu'au 15 Décembre 1895, au Musée archéologique de Reims, entre les mains de M. Théophile Habert, Conservateur, Fondateur de la Conservation spéciale d'Archéologie en cette ville ;

*Suivi de l'*État des divers Objets gaulois et gallo-romains découverts dans les fouilles opérées, sous la direction du Conservateur, sur les territoires des communes de Reims et de Saint-Étienne-sur-Suippes (Marne) et d'Aussonce (Ardennes).

TROYES

IMPRIMERIE ET LITHOGRAPHIE PAUL NOUEL
Rue Notre-Dame, 41 et 43

1896

Le Musée est ouvert au public *les Dimanches et les Jeudis, de une heure à quatre heures;* et les autres jours, sauf le Lundi, aux mêmes heures, pour les personnes étrangères à la ville.

Prévenu un jour à l'avance, le Conservateur se mettra à la disposition des visiteurs désireux d'être accompagnés et renseignés par lui.

Nous demanderons à l'Administration que, comme dans la plupart des villes, la fermeture n'ait lieu qu'à cinq heures durant la saison d'été, et que le Musée soit ouvert les jours de grandes fêtes, dont le lendemain est généralement chômé, afin que les personnes disposant de peu de loisirs en profitent pour venir visiter les grands centres.

Nous réclamerons aussi qu'un seul escalier desserve le premier étage, à l'endroit où aboutissent la galerie et les couloirs des salles, et que la sortie se fasse au retour par le même escalier.

———————

Les dons au Musée d'objets archéologiques sont acceptés avec reconnaissance et publiés périodiquement, avec les noms des donateurs, par les journaux de la localité.

Ils peuvent être déposés au Musée, ou au domicile particulier du Conservateur, 15, rue Linguet.

On est prié de les accompagner de tous les renseignements que l'on sera à même de donner sur leur provenance et les circonstances de leur découverte.

ÉTAT DES DONS

FAITS AU MUSÉE ARCHÉOLOGIQUE DE LA VILLE DE REIMS

Depuis l'inauguration de la Salle d'Archéologie (8 Novembre 1893)
jusqu'au 15 Décembre 1895

Présenté à M. le Maire de Reims par M. THÉOPHILE HABERT, Conservateur

———

Cet état comprend :

1º Les objets donnés par les personnes ci-après nommées,

2º Et les objets acquis de ses deniers par le Conservateur, qu'il lui a semblé utile d'ajouter à ceux antérieurement donnés par lui.

Tous ces objets ont été joints à ceux que le Conservateur a recueillis dans ses fouilles, pour être classés dans la salle qui porte son nom, située au deuxième étage du Pavillon Ouest de l'Hôtel de Ville, sur la rue des Consuls.

Période préhistorique

1º M. Honoré GARDEZ, employé à l'usine Duquenne, à Guise (Aisne) :

Silex, grès : 20 pièces de l'époque paléolithique.   20

A reporter   20

Report........ 20

2º M. Gustave LOGEART, répétiteur au Petit Lycée de Reims :

Silex : 34 pièces de la même époque........... 34
Un petit pot en terre et 5 débris de poterie..... 6   40

3º LE CONSERVATEUR :

40 silex de l'époque paléolithique et 8 fragments
   de poterie de la même époque.............. 48
Une hache en bronze et une petite hachette en
   jade verte, époque néolithique.............. 2   50

Total............... 110

Période gauloise

4º M. Paul HOUZEAU, conseiller municipal :

Un fer de lance................................ 1

5º M. PÉNARD, négociant, avenue de Laon, 26 :

Le dieu tricéphale, petit autel en pierre......... 1

6º M. Gustave LOGEART :

2 colliers ou torques, 10 bracelets en bronze... 12
Armes et objets en fer...................... 13
30 pièces de poterie......................... 30
5 fragments de poterie....................... 5   60

7º LE CONSERVATEUR :

6 pots en terre cuite, dont 4 achetés de Fruchard.
Tête de monstre en pierre................... 7

Total........... 69

Epoque gallo-romaine

8° Mme DEMERLÉ, rue Lesage :

    5 objets divers en bronze, en os, en poterie......   5

9° M. PÉNARD :

    Un os tourné et percé, dit sifflet, teint en noir..   1

10° M. Paul HOUZEAU :

    Un poids en marbre.........................   1

11° M. le docteur GUELLIOT :

    Petite lampe en terre rougeâtre, portant le nom
        du potier.............................   1

12° M. Léon MOREL :

    Fragment (région de la bouche) d'un grand péliké,
        qui divise l'eau comme le fait une pomme
        d'arrosoir...........................   1

13° M. LANGLET, directeur de la Voirie :

    Porte-guides de char romain, au repos; 10 débris
        d'une patère; 4 feuilles de vigne, figurées; un
        manche de patère; 2 boutons et 2 fibules;
        4 autres objets : le tout en bronze. Ensemble,
        24 pièces, trouvées dans les travaux de la rue
        Gosset (1894)............................ 24

    Un grand plat en poterie rouge et une écuelle
        couverte en grès gris-bleu, trouvés rue Dérodé
        (1894)................................ 2

    Une meule en granit........................ 1   27

14° M. Henri FAVRE, avenue de Laon :

    2 fragments de poterie rouge, portant le nom
        du potier.............................   2

15° M. BOSTEAUX-PARIS :

    4 fragments de poterie rouge, avec le nom du
        potier...............................   4

                A reporter.........   42

Report   42

16° M. WÉRY-MENESSON :

8 fragments de poterie rouge, portant le nom
du potier   8

17° LE CONSERVATEUR :

a 30 vases de différentes formes et grandeurs,
en poterie et grès de diverses couleurs 30

b 54 pièces en os, verre, bronze et poterie de
choix 54

c 2 creusets de fondeur, en cuivre 2

d 6 objets en bronze, verre, et un petit pot en
terre cuite 7

e 130 fragments de poterie avec nom du potier. 130   223

18° M. Jules ORBLIN, gardien du Musée d'Archéologie :

Un anneau fixe d'attelage de char ; anse de vase
avec tête d'attache ; belle petite clef : le tout
en bronze ; ornement de harnachement de
cheval, en corne de cerf ; lozange en os et
portion d'autel votif en terre blanche ; petite
toupie en terre rougeâtre ; épingle à cheveux
en verre noir, et couteau en fer. En tout,
13 pièces   13

19° M. BLAVAT, antiquaire à Reims :

Plusieurs boucles en bronze ; trois fibules
émaillées, en bronze, détériorées par le feu ;
une écuelle couverte, en grès ; un poids en
terre cuite. En tout, 15 pièces   15

20° M. BERTOZZI fils, sculpteur à Reims :

2 fragments de vase en poterie rouge, avec nom
de potier   2

21° M. HABRAN, architecte à la Ville :

Un débris de coupe en terre rouge avec ornements en relief, et deux fragments de vase
rouge portant le nom du potier   3

A reporter   306

Report........ 306

22° M. Happillon, de Sillery :

Un plateau incomplet en terre rouge tendre,
portant trois fois le nom du potier.......... 1

23° M. Ferdinand Courty, employé à la Ville :

14 objets divers, dont un fragment de poterie
rouge avec le nom du potier 14

Total.......... 321

Epoque mérovingienne

24° Le Conservateur :

2 coupes en poterie rouge ; un bol brisé en bronze ;
un tonnelet à une anse et 2 vases à boire en
verre ; 2 fibules et une plaque (décoration ?)
en argent : 2 petites fibules brisées, aussi en
argent ; un bracelet en bronze tordu ; 24 perles
en verre de différentes couleurs, provenant
d'un collier ; grosse perle en lignite : le tout
découvert dans les travaux de la Compagnie
des Tramways de banlieue. Une fibule en
cuivre rouge, trouvée aux Arènes, près le
cimetière du Sud. En tout, 15 pièces........ 15

25° M. Jules Orblin :

Une fibule en bronze, tête de face et grandes
oreilles 1

Total.......... 16

XIVe siècle

26° Le Conservateur :

3 cadenas ; 5 clés ; un pommeau d'épée ; un poids ;
une petite poulie et une petite pelle : le tout
en fer.................................... 13

A reporter...... 13

Report........ 13

14 carreaux émaillés et décorés de personnages (acrobates) et d'ornements variés, provenant du château de Chateauvillain 14

Une cuillère en argent........................ 1

Un fer de lance............................. 1

Total.................... 29

XVᵉ siècle

27° M. Cottet, ancien instituteur :

Une cuillère en bronze....................... 1

28° M. Jules Onblin :

Un moule très fin, en terre blanche (*Sᵗ Michel*), trouvé à Reims ; petite bouteille en grès et deux bouteilles en bronze : l'une avec tête de lion 3

29° Le Conservateur :

Une gargouille en plomb..................... 1

10 pièces de poterie en terre blanche : quelques-unes avec trace d'émail jaune et vert ; 3 cornets de pharmacie et un dauphin (genre italien). Ces quatre dernières pièces, manquées dans leur cuisson, dénoncent une poterie à Reims, rue Andrieux, en face Boulingrin.............. 14

Une écuelle à oreilles, terre vernissée 1

6 cuillères en bronze........................ 6 22

Total.................... 26

XVIᵉ siècle

30° Le Conservateur :

Manche de couteau en bronze ; une pièce de mariage frappée, en bronze, portant les armes de famille................................. 2

A reporter 2

Report........   2

Un heurtoir en fer de la rue du Pont-Royal,
à Troyes..................................   1

4 statues incomplètes, en pierre...............   4

12 autres sujets, incomplets aussi, également en
pierre...................................   12

Total..........   19

XVIIe siècle

31° Le Conservateur :

Plaque en ardoise gravée, sujet religieux, trouvée
à Reims, et sa reproduction en plâtre.......   2

La reproduction en plâtre du *Saint Michel* du
xve siècle, mentionné ci-dessus.............   1

Neuf poids en bronze (xvie et xviie siècles)......   9

Couteau de chasse; fer de hallebarde armorié...   2   14

32° M. Queutelot, architecte à la Ville :

Une clef en fer...............................   1

Total..........   15

XVIIIe siècle

33° Le Conservateur :

Recueil d'Antiquités de Caylus. 7 vol..........   7

16 plaquettes en plomb (empereurs et impéra-
trices romains) 16

Une daubière en poterie, à couverte noire, portant
en relief le nom de la ville de PROVINS et
la date 1742   1

Une bouteille plate à long col, décor bleu, de
Nevers, avec cette inscription : *A ma char-
mante bouteille — C'est toi qui me réveille....*   1

Petite potiche, faïence de Nevers, à deux couleurs   1

Petite Vierge de Nevers, décor polychrome.....   1

A reporter..... 27

Report...... 27

Grand plat rond, faïence de Rouen, décor bleu. 1
Epée des Enfants de Mars..................... 1
Buste de Linguet, en biscuit.................. 1
Plaque de postillon, en cuivre argenté 1
Poignée d'épée, en bronze (autre époque)....... 1
2 burettes en étain, l'une marquée : *ion* ‖ ·EIMS 2
Bouton en argent, avec devise................. 1
2 statuettes en noyer (Anges en adoration)...... 2   37

34° M. Jules ORBLIN :

Deux boutons en cuivre, de la Révolution ; un
    autre avec aigle ; le duc d'Angoulême, galvano ;
    petit poids hexagonal en bronze, aux armes
    de France...............................   5

Total...........   42

XIXe siècle

35° M. H. HENROT, maire de Reims :

Une assiette, aux armes de France et de Russie,
    commémorative du banquet franco-russe tenu
    à l'Hôtel de Ville de Paris (1894)...........   1

36° LE CONSERVATEUR :

Tabatière en noix de coco (Napoléon Ier dans
    son tombeau) 1
Boîte commémorative de réparation d'une maison,
    rue de Vesle, et pièce de 50 cent. à l'effigie de
    Louis-Philippe........................... 1
Assiette de Mathaux avec Pierrot comme sujet.. 1
Assiette, coq et drapeaux, 1830................ 1
10 assiettes de Montereau, premières guerres de
    l'Empire Ier............................. 10
Une assiette en terre de pipe, Aigle noir 1
Un saladier de la Révolution de 1889, acheté à
    Châteauvillain 1   16

A reporter...... 17

Report ......　17

37º M. Henri FAVRE, sus-nommé :

Un bon de viande ; un bon de pain ; spécimen du
pain vendu pendant le siège de Paris (inva-
sion de 1870) ....　3

38º M. DAMIEN, officier en retraite :

Petite aigle de schako en bronze, trouvée sur le
champ de bataille de Waterloo ....　1

**39º M. Honoré LEVASSEUR, soldat du 132ᵉ de
ligne, natif de Guarche (Seine-et-Oise) :**

Une médaille de Sainte-Hélène ....　1

Total ....　22

RÉCAPITULATION

Période préhistorique	110
Période gauloise	69
Période gallo-romaine..................	321
Période mérovingienne.................	16
XIVᵉ siècle	29
XVᵉ siècle	26
XVIᵉ siècle	19
XVIIᵉ siècle	15
XVIIIᵉ siècle .... !	42
XIXᵉ siècle	22
Total	**669**

OBSERVATIONS

I. — M. Henri MENU, à la Bibliothèque municipale, a déposé entre nos mains, comme don à la Ville, une douzaine de carreaux du siècle dernier, en faïence de Delft, où sont représentées en bleu les scènes de la Bible.

Ces faïences, d'origine étrangère, ne pourront entrer dans la collection archéologique (et historique pour la fabrication) que nous avons formée. Elles doivent être placées dans une salle spéciale aux productions étrangères, et ne sont notées ici que pour ordre.

II. — Nous avons remercié, au nom de l'Administration et en notre nom, les donateurs sus-nommés ; mais il est de notre devoir de faire remarquer à M. le Maire de Reims que nous verrions avec plaisir qu'il adressât personnellement à M. Gustave LOGEART, répétiteur au Petit Lycée de Reims, des remerciements particuliers pour son désintéressement absolu et la bonne grâce avec laquelle il est venu spontanément à nous pour enrichir, par ses fouilles personnelles, le Musée confié à nos soins. Nous pensons que l'Administration nous approuvera d'avoir mis à la disposition de M. LOGEART, et à son nom, la 2e section de la vitrine A, où sont classés les objets préhistoriques et gaulois indiqués plus haut sous les numéros 2 et 6, s'élevant aujourd'hui au nombre de cent.

CERTIFIÉ CONFORME :

Reims, le 23 Décembre 1895.

Le Conservateur,

THÉOPHILE HABERT.

NOS FOUILLES

(15 Juin 1894-15 Décembre 1895)

Indication sommaire des Objets découverts sur le territoire de la ville de Reims, dans les fouilles faites du 15 Juin 1894 au 15 Décembre 1895, sous la direction de M. Théophile Habert, Conservateur du Musée Archéologique de la ville de Reims, par M. Jules Orblin, gardien-aide-fouilleur de ce Musée.

Ces objets, mis en état par le Conservateur, ont été classés avec ceux provenant des dons faits au Musée, désignés dans l'état qui précède; ils complètent le Musée Ethnologique scolaire formé par le Conservateur avant son arrivée à Reims.

Les fouilles ont été pratiquées dans les nécropoles gallo-romaines dont l'indication suit :

1º *Les Trois-Piliers*, propriété de M. DE TASSIGNY;

2º *La Fosse-Pierre-la-Longe*, propriété de M. Ch. LHOTELAIN;

3º *La Belle-Croix*, propriété de M. DEMAISON;

4º *Rue Dérodé*, propriété communale;

5º *Boulevard Jamin*, propriété de M. TRUCHON;

6º *La Maladrerie*, propriété de M. Jules MAROT;

7º *Chemin des Cours-Martin*, propriété de M. LEFÈVRE;

8° *Chemin-Vert,* propriété de M. Jules Marot;

9° *Clairmarais,* propriété de M. Laval;

10° *Sur Betheny,* propriétés de M. Lothelain;

11° *Lavannes-Caurel,* propriété de la Compagnie des Chemins de fer de l'Est,

Et dans des propriétés appartenant à MM. Paul Houzeau et Kunkelmann, mais ici sans aucun résultat.

Les objets gaulois proviennent des fouilles faites dans les cimetières antiques situés sur le territoire des communes de Saint-Étienne-sur-Suippes (Marne) et d'Aussonce (Ardennes).

Le visiteur désireux de s'instruire méthodiquement devra observer, en parcourant notre salle, l'ordre suivant :

Pour les objets gaulois : Vitrine A, 1re section ;

Pour les objets gallo-romains : Vitrine B, 3e, 4e, 5e et 6e sections; — la vitrine isolée placée sur celui des côtés de la salle qui fait face à la vitrine A; — et, dans les vitrines centrales (horizontales), les nos 12, 13, 14, 15, 16 et 17.

Des étiquettes placées sur ces vitrines indiquent d'ailleurs la période à laquelle appartiennent les objets qui y sont exposés.

Objets gaulois

Finage de Saint-Etienne-sur-Suippes, lieudit (?).

Un torque, deux bracelets et deux anneaux en bronze. 5
Une perle en verre bleu........................... 1
3 fragments de fourreau d'épée en fer. 1
4 pots en terre de couleur gris-brun et noir, fabriqués
    sans le tour.................................. 4   11

Finage d'Aussonce, lieudit Le Mont-de-Warmeriville.

Un torque et 2 bracelets en bronze................ . 3
3 pots et un petit vase à boire, en terre brune, fabriqués
    à la main, sans le tour......................... 4
3 débris en fer 3
Plusieurs fragments de poterie.................... 3
Corne de cerf trouvée à Betheny, et fragments de
    poterie trouvés à Mont-Aimé, près de Vertus 4   17

                       Total.......... 28

Objets gallo-romains

Poterie, terre blanche. — 87 pièces, dont 31 urnes
    cinéraires..................................... 87
Poterie, terre rouge. — 46 pièces, dont 3 urnes ciné-
    raires........ 46
Poterie, terre rougeâtre ou jaunâtre. — 9 pièces, dont
    4 urnes cinéraires............................. 9
Poterie noire. — 43 pièces, dont une urne cinéraire
    et 2 urnes funéraires d'enfants................. 43
Grès gris-bleu ou noir. — 65 pièces, dont 2 urnes
    cinéraires..................................... 65

                A reporter..... 250

Report......		250
Poterie à reflet métallique (vases à boire)............		15
Poterie à reflet métallique (vases à boire), avec dépression centrale.		16
Poterie émaillée vert et jaune..................		7
Statuettes en terre blanche....................		6
Fragments de statuettes en terre blanche............		8
Poterie rouge, avec ornements ou personnages en relief; pièces complètes et fragments.............		48
Verre, pièces complètes et débris intéressants........		109
Objets en jais : Collier, bracelets et anneaux........		8
Objets en fer....................		88
Objets en bronze....................		104
Objets en os		280
Monnaies : grands, moyens et petits bronzes........		115
Objets divers innommés....................		53
		1.107
Stèles funéraires......................	15	
Sarcophages	2	17
Noms et marques de potiers..............		370
		1.494
Total..........		1.494
Report du total des objets gaulois..........		28
Ensemble des objets récoltés dans nos fouilles.		1.522
Si nous ajoutons ici la somme des objets donnés, indiqués dans l'état qui précède, soit..............		669

nous avons un total de 2.191 pièces, dont le Musée
Archéologique se trouve augmenté aujourd'hui, ci...   2.191

OBSERVATIONS

Nos fouilles ont été opérées avec l'autorisation de MM. les propriétaires et fermiers des immeubles sur lesquels reposent les nécropoles visitées. Nous leur avons, tant en notre nom qu'à celui de l'Administration municipale de Reims, adressé nos remerciements pour leur bon accueil et le désintéressement qu'ils ont manifesté, et qu'il nous est agréable de signaler ici.

Ces fouilles, et celles tentées dans les propriétés de MM. Paul Houzeau et Kunkelmann, qui, comme nous l'avons dit, n'ont rien produit, ont occasionné un déplacement de quinze cents à dix-huit cents mètres cubes de terre dans ces cimetières antiques, déjà plusieurs fois et depuis longtemps explorés.

Ce glanage, si je puis m'exprimer ainsi, comprend environ cinq cents sépultures par inhumation (les sépultures gauloises comprises) et cent sépultures par incinération.

L'intérêt que présentent nos découvertes archéologiques est évident pour celui qui veut *voir* et qui sait apprécier la suite, l'enchaînement de ce mobilier apporté dans notre Musée. On y trouve les sentiments les plus intimes, les plus sacrés, les plus touchants de la famille. Leur manifestation se répète en maints endroits par ces bijoux, ces amulettes, ces jouets et mille autres objets chers aux défunts et que, par de respectueux rites, les survivants ont pieusement déposés dans les sépultures, qui de leur père, qui de leur mère, qui de leur enfant chéri...

LES NOMS DE POTIERS GALLO-ROMAINS

Nous avons publié, vers la fin de l'année 1892, sous le titre de : *La Poterie antique parlante,* un ouvrage qui comprend plus de 1.800 noms et marques de potiers gallo-romains, recueillis dans les cinq départements suivants : l'Aube, la Côte-d'Or, la Marne, la Haute-Marne et l'Yonne; la ville de Reims, à elle seule, y compte 796 noms et marques, ci 796

Si nous ajoutons à ce chiffre :

1° Les 130 noms que nous avons déposés dans notre salle, ainsi qu'il est dit au rapport qui précède, ci.................... 130

2° Et les 370 noms ci-dessus, provenant de nos fouilles, ci............. 370   500

nous compterons, dans notre salle et dans celle du Musée rétrospectif, 1.296 noms et marques de potiers trouvés à Reims, ci 1.296

c'est-à-dire plus qu'aucune ville de France n'en possède. Saint-Germain-en-Laye n'en a guère plus de six cents.

Mais, dans ces noms, qui constituent l'onomastique gallo-romaine dans notre ville et dans la région, il se trouve des répétitions du même nom ou de la même marque. Or, nous avons constaté avec satisfaction que, dans les 500 noms derniers venus, 174 au moins étaient nouveaux, et que 96 y figuraient sous une nouvelle forme ou variante que celle déjà connue.

Signalons les très intéressantes découvertes suivantes :

1º Celle d'un médaillon *inédit* d'Hadrianus. Cette découverte a été rapportée dans la *Revue numismatique*, publiée à Paris, par M. A. de Barthélemy et autres savants (1er trimestre de 1895), sous ce titre : *Trouvailles et Monnaies :*

« Dans des fouilles faites à Reims, en 1894, par M. Th.
« Habert, conservateur du Musée Archéologique de la ville,
« dans la propriété de M. de Tassigny, on a recueilli quatorze
« grands bronzes d'Antonin le Pieux, de Marc Aurèle, de
« Faustine jeune et de Postume; enfin un médaillon inédit
« d'Hadrien dont voici la description :

« HADRIANVS AVGVSTVS. Tète laurée à gauche.
« ℞ COS III. Hercule debout, à gauche, s'appuyant de la main
« droite sur sa massue et tenant une pomme de la gauche.
« A droite d'un arbre qui occupe le centre de la composition,
« les trois Hespérides. Diamètre, 37 millimètres. (Comparez les
« médaillons d'Antonin le Pieux, Cohen², t. II, p. 389, nᵒˢ 1158
« et 1159.) »;

2º Une statuette en terre blanche, trouvée à la Maladrerie, représentant le dieu gaulois *Dispater*, pièce très rare qui ne se trouve dans aucun des musées de Paris, non plus qu'au Musée national de Saint-Germain-en-Laye;

3º L'inscription VALEAS, en barbotine blanche, sur le premier chapitre d'un vase à boire à couverte brune à reflet métallique. Trois raisins en barbotine blanche existent sur le deuxième chapitre. Chaque chapitre est bordé d'un sillon de points, aussi en barbotine, faisant le tour du vase;

4º L'inscription BIBE, en noir, sur une petite bouteille rouge avec anse, sur la panse de laquelle on remarque des rinceaux, également en noir;

5º L'inscription OLLA MIIA, en graffites, sur un pot en poterie noire;

6º L'inscription CIILTIM *(Celti m)*, aussi en graffites, sur une lamelle en plomb trouvée dans la même sépulture que le médaillon d'Hadrien.

Et les marques et noms ci-après :

1º La marque SICATORM, sous la base d'une urne cinéraire carrée (nouveau nom);

2º L'effigie de MHRCURE, sous la base d'un petit flacon

carré semblable à ceux que nous possédons, signés FIRM.
(nouvelle marque);

3º Le nom de VASSATIVS (nouveau nom), dont les produits, en vases noirs très légers, peuvent être confondus avec
ceux marqués MAXIMVS, aussi découverts à Reims.

Ces deux noms, sur poterie noire, placés exceptionnel-
lement en dessous du fond des vases, sont les seuls que
nous ayons rencontrés sur ce genre de poterie qui,
ordinairement, ne porte pas de marque.

Ajoutons encore, comme ayant un intérêt marqué :

1º Les produits d'un atelier de fabrication d'objets en os :
sifflets, charnières, et épingles à cheveux;

2º Un jeu de dés avec 28 jetons, trouvés dans une sépulture;

3º Notre petite bouteille et divers débris de vases, couverts
en partie d'émail jaune et verdâtre;

4º Notre liquide (du vin sans doute), hermétiquement fermé
avec du suif fondu, et la magnifique œnochœ qui le contenait;

5º Notre petite bouteille en verre divisée en deux compar-
timents et ayant un goulot pour chacun;

6º Notre tire-ligne en fer;

7º Nos magnifiques bracelets en jais;

8º Nos grandes urnes cinéraires en verre;

9º Nos différents biberons en terre rouge, noire, jaune,
blanche, dorée et en verre;

10º Nos débris de creusets d'émailleurs;

11º Notre buste en poterie blanche, représentant le dieu
Risus avec chevelure à la Louis XIV;

12º Notre statuette de *Lucine*, plus artistique que celles que
nous avons au Musée, et dont les yeux sont colorés;

13º Nos vases en poterie rouge tournée, avec application de
sujets en relief et quelques-uns sculptés sur place, travail
encore inconnu dans notre région;

Etc., etc.

CERTIFIÉ VÉRITABLE :

Reims, le 23 Décembre 1895.

THÉOPHILE HABERT.

TROYES — IMP. ET LITH. PAUL NOUEL.